GAVARNI

ÉTUDE

PAR

GEORGES DUPLESSIS

ORNÉE

DE QUATORZE DESSINS INÉDITS

PARIS

RAPILLY, LIBRAIRE ET MARCHAND D'ESTAMPES

5, QUAI MALAQUAIS

1876

GAVARNI

GAVARNI

ÉTUDE

PAR

GEORGES DUPLESSIS

ORNÉE

DE QUATORZE DESSINS INÉDITS

PARIS

RAPILLY, LIBRAIRE ET MARCHAND D'ESTAMPES

5, QUAI MALAQUAIS

—

1876

Cette Étude a été publiée en partie dans la Gazette des Beaux-Arts (août et septembre 1875); les planches qui l'accompagnent, gravées pour la même Revue, reproduisent des dessins inédits de Gavarni que le fils de l'artiste et que deux de ses amis les plus intimes, M. Mahérault et M. Edmond de Goncourt, nous ont obligeamment confiés. En réimprimant aujourd'hui ce travail, auquel nous avons donné quelques développements nouveaux, nous avons uniquement en vue de faire partager au plus grand nombre l'admiration que nous inspirent les œuvres de Gavarni. Nous nous sommes efforcés de résumer aussi brièvement que possible les phases diverses du talent de cet artiste. Nous avons indiqué les planches ou les séries de planches qui nous semblent résumer le mieux sa manière et accuser le plus ouvertement son originalité; nous appuyant sur les travaux de nos devanciers, mettant à profit nos souvenirs personnels, nous avons cherché à montrer la délicatesse de son crayon, la souplesse de son imagination, l'esprit et quelquefois la profondeur de ses pensées. Gavarni ne serait pas, en effet, mis à sa véritable place si on s'arrêtait uniquement à la surface de ses dessins; par certains côtés il nous apparaît comme un moraliste, comme un sage; il touche légèrement aux sujets les plus scabreux; il bannit de toutes ses lithographies, avec le même soin, la grossièreté et la banalité; il flétrit le vice en montrant les misères physiques et morales qu'il entraîne; et, à côté d'un talent d'exécution des plus rares, il possède une connaissance du cœur humain et de la société moderne qui assure à ses ouvrages l'estime des gens de goût en même temps que l'attention des philosophes.

GAVARNI

A quelques mois de distance ont paru deux ouvrages consacrés à Gavarni. Destinés l'un et l'autre à répandre la lumière sur la vie et l'œuvre de cet artiste, ils ne font pas cependant double emploi. Pour arriver au même but les auteurs de ces livres ont pris une voie opposée. MM. Edmond et Jules de Goncourt[1] ont eu entre les mains les papiers,

---

1. *Gavarni, l'homme et l'œuvre*, par Edmond et Jules de Goncourt. Paris, H. Plon, 1873, in-8° de 432 pages.

les cahiers de notes sur lesquels Gavarni inscrivait ses pensées, ses souvenirs ; ils ont accordé une part très-large, trop large peut-être, aux incidents et aux accidents de sa vie privée ; ils ont insisté sur ses habitudes, sur ses relations, sur ses manies, et ils paraissent s'être plus préoccupés de donner un portrait ressemblant de l'homme qu'une image complète de l'artiste. Les auteurs du *Catalogue de l'œuvre*[1], M. Mahérault, un des plus dévoués et des plus anciens amis de Gavarni, et M. Emmanuel Bocher, un de ses plus passionnés admirateurs, ont procédé tout différemment. Ne voulant en aucune façon s'occuper de l'homme, ils se sont scrupuleusement appliqués à interroger ses ouvrages ; ils ont catalogué avec une patience de bénédictins toutes les lithographies (2,714) dues au crayon de Gavarni et jusqu'aux plus rares essais, jusqu'aux moindres indications de sa pointe inexpérimentée ; ils ont décrit chaque pièce, ils ont transcrit toutes les légendes placées au bas des planches, et,

---

[1]. *L'OEuvre de Gavarni*, lithographies originales et essais d'eau-forte. Catalogue raisonné par MM. F. Armélhault et E. Bocher. Paris, Jouaust, 1873, in-8° de 617 pages.

en agissant ainsi, ils ont certainement élevé à Gavarni le monument le plus durable qu'il soit possible de consacrer à la mémoire d'un artiste. Faisant à l'un et à l'autre de ces ouvrages de nombreux emprunts, nous allons à notre tour tenter de raconter la vie de cet artiste d'élite, de ce dessinateur inspiré auquel ses facultés d'observation pénétrante et la singulière originalité de sa manière assurent une place à part dans l'école française contemporaine.

Guillaume-Sulpice Chevalier, qui prit plus tard le nom de Gavarni sous lequel il est connu du plus grand nombre, naquit à Paris le 13 janvier 1804. Il dessina dès l'enfance. « Tout petit garçon, dit-il[1], on me faisait charbonner des yeux de profil : cela m'a bien ennuyé; j'en ai fait quatre sans y rien comprendre, et puis ç'a été tout et le maître est parti; j'ai fait trois cahiers de cavaliers, de brigands, de maisons avec de la fumée, de chevaliers Bayard, de petits chiens et de petits garçons qui tirent des cerfs-volants; après j'ai fait des Cosaques,

---

1. Edmond et Jules de Goncourt, p. 7.

quand j'en ai vu. Plus tard c'était la grille de la pension Butet, avec ses deux boulets (des boulets ramassés à la bataille de la barrière Clichy), et le ballon de M. Magest, et si de tout cela je n'avais fait des pétards et des capucins, j'en ferais faire un beau livre doré sur tranche. » Cette note, qui nous donne une indication précise sur les débuts de Gavarni, semble avoir été écrite par l'artiste en vue d'une autobiographie, à une époque où il était déjà célèbre. Cette idée de faire relier magnifiquement un recueil de croquis qu'il est permis sans injure de supposer peu intéressants au point de vue de l'art, ne pouvait venir qu'à un homme ayant conscience de sa valeur et se dédommageant, se vengeant en quelque sorte de son obscurité passée par la possession présente et par l'éclat de ses succès. Le talent de Gavarni fut en effet assez longtemps à se révéler.

Après avoir été employé en qualité de simple ouvrier chez un fabricant d'instruments de précision nommé Jecker, après avoir fait quelques études mathématiques dans une pension de la rue de Clichy et après avoir appris à dessiner des machines sous la direction d'un ingénieur du nom de Leblanc, Gavarni ne se risqua à aborder le genre qui devait un jour attirer à lui la popularité que vers 1825. A cette époque un éditeur, M. Blaisot, lui commanda un album de croquis. Gavarni, qui jusque-là n'avait tracé que quelques dessins aux heures de repos et à la dérobée, fut très-heureux d'accepter cette commande et il exécuta sur des pierres lithographiques une série de petites figures plus ou moins grotesques, plus ou moins fantastiques, qui parurent sous ce titre bizarre : *Étrennes de 1825. Récréations diabolico-fantasmagoriques, par H. Chevalier.* Ce cahier, formé de feuilles de papier collées entre elles et se dépliant, doit être considéré comme le premier essai de Gavarni dans un art qu'il devait ensuite si bien pratiquer; mais pour être juste, il faut reconnaître que rien dans ce travail ne faisait pressentir les témoignages de talent qui devaient suivre. Il n'est pas un artiste de cette époque, parmi ceux qui se sont essayés dans l'art de la lithographie, qui n'ait fait aussi bien, sinon mieux. Ces petites figures tantôt réelles, tantôt imaginaires, n'offrent aucun caractère particulier; elles sont dessinées faiblement, et c'est à peine si elles sont spirituelles; le véritable nom de Gavarni ne se trouverait pas inscrit sur le titre, que personne ne songerait à les attribuer à ce maître, personne même ne songerait à les regarder. Plusieurs années devaient d'ailleurs s'écouler avant que l'attention se portât sur Gavarni; il n'avait pas encore pris sa place parmi les artistes.

Peu fait pour un travail qui exigeait une patience à toute épreuve et une assuidité de tous les jours, Gavarni ne put s'astreindre à poursuivre la carrière à laquelle il semblait destiné; passer sa journée entière à graver au trait des dessins de machines, parut au bout d'un certain temps si fastidieux au jeune artiste, que, bien qu'il gagnât à cette besogne son pain quotidien, il préféra s'exposer à lutter contre la misère que de continuer à suivre une voie en opposition directe avec ses goûts d'indépendance et avec les aptitudes qu'il sentait en lui. Résolu à se soustraire aux influences qui l'entouraient, il accepta avec empressement l'offre qui lui fut faite par le graveur Adam d'aller à Bordeaux graver le pont qui venait d'être terminé (1821). Il ne trouvait pas là sans doute l'avenir d'indépendance qu'il rêvait; il voyageait du moins, et ce changement de résidence lui procurait une satisfaction d'enfant, une joie semblable à celle qu'éprouve un collégien qui part en vacances. Gavarni quitta donc Paris au mois d'octobre de 1824 avec un de ses amis nommé Clément; tous deux demeurèrent ensemble à Bordeaux jusque vers la fin de l'année 1825; mais à la suite de discussions survenues entre leur chef et eux, les deux jeunes gens abandonnèrent l'atelier du graveur. Clément s'engagea dans un régiment en garnison à Bordeaux; Gavarni, resté seul, ne tarda pas à perdre courage à son tour; il patienta quelque temps encore, mais, contraint de subir les exigences d'un homme avec lequel les rapports devenaient de jour en jour plus difficiles, il suivit l'exemple de son ami et se décida à abandonner la carrière dans laquelle il était entré. Ne voulant pas habiter plus longtemps une ville où il se trouverait pour ainsi dire face à face avec les souvenirs de ses ennuis, Gavarni songea à voyager et se dirigea vers les Pyrénées. Après avoir traversé, le sac au dos, plusieurs villes ou villages dans lesquels il ne s'arrêtait que pour coucher, il arriva un soir à Tarbes. C'est là qu'après quelques jours d'inquiétude et de misère il va trouver une tranquillité, momentanée du moins, à laquelle il aspirait sans avoir toutefois bien conscience de ce qu'il voulait, sans se rendre un compte bien exact de sa situation. Ne pouvant pas satisfaire aux exigences de la vie matérielle, livré à lui-même, sans ressources et souvent sans espoir, Gavarni hésitait à décider de quel côté il tournerait ses pas. Le peu d'argent qu'il avait apporté avec lui disparaissait;

sa famille, qui ne savait pas exactement où il se trouvait, ne pouvait lui envoyer aucun secours; aussi accepta-t-il avec empressement la proposition d'un de ces amis de rencontre, comme le hasard, parfois, en fournit aux voyageurs, qui lui offrit de le mettre en rapport avec le directeur du cadastre des Hautes-Pyrénées. « Présenté sans aucun but chez lui, et seulement parce que j'avais dit que j'irais, par un individu assez insignifiant, M. Leleu m'a d'abord reçu assez brusquement; une heure après j'étais son camarade, et le lendemain m'a vu établi chez lui[1]. »

Ce directeur du cadastre dont Gavarni nous apprend le nom, M. Leleu, avait été, dans sa jeunesse, lié avec beaucoup d'artistes et il avait conservé de son existence passée un souvenir qui lui était cher. Gavarni, absolument inconnu encore, mais possédant déjà ce don de séduction qu'à certains jours, à la fin de sa vie, on se prenait à retrouver en lui, avait rappelé à cet homme de goût, adminis-

---

1. Lettre de Gavarni à sa mère. E. et J. de Goncourt, p. 29.

trateur par raison et un peu par nécessité, un temps déjà bien éloigné; il se montrait à M. Leleu plein d'enthousiasme, plein de jeunesse, émerveillé des beautés qui l'entouraient, causeur charmant et inépuisable, aussi s'explique-t-on très-aisément que cet inconnu, qui était venu solliciter une place des plus modestes, n'ait pas tardé à obtenir ce qu'il désirait. M. Leleu le logea chez lui, l'attacha à sa personne en qualité de commis et accorda d'autant plus volontiers à Gavarni ce qu'il lui demandait, qu'une vive sympathie s'était immédiatement établie entre l'artiste et le fonctionnaire. Lorsqu'il entreprenait ses excursions dans les montagnes, M. Leleu emmenait Gavarni; celui-ci dessinait d'après nature ou se contentait d'admirer ce qu'il avait sous les yeux; il reproduisait sur son album les costumes pittoresques des paysans et des paysannes que le hasard lui présentait; et, s'il ne rendait pas à la direction du cadastre des services signalés, il faisait passer de bonnes heures au directeur, qui n'aurait eu garde de se plaindre des fantaisies peu administratives de son collaborateur.

Gavarni visita ainsi, en compagnie de M. Leleu, toutes les Pyrénées. Toujours en route, ne se refusant aucune ascension, fût-elle même des plus périlleuses, il satisfaisait son goût pour l'extraordinaire et courait à la recherche de l'inconnu avec des joies d'enfant. Il écrivait continuellement à sa famille qu'il était sur le point d'aller la retrouver, et remettant de jour en jour le moment du départ, il recommençait une excursion qu'il avait déjà faite ou en entreprenait une nouvelle. Accoutumé jusque-là à mener une existence qui lui était à charge, il avait trouvé dans ce beau pays la réalisation de ses rêves ; il avait été accueilli avec une bienveillance toute paternelle dans la maison du directeur du cadastre ; il avait pu subvenir aux impérieuses nécessités de la vie en satisfaisant ses goûts : quoi de plus pénible, dès lors, que la pensée de quitter ce séjour pour aller se plonger dans une vie de lutte et de travail ingrat? De Paris, d'ailleurs, une commande inespérée lui arriva. Blaisot, à qui Lamésangère avait confié son intention de publier une série de costumes de femmes, lui recommanda chaudement l'artiste, qu'il avait autrefois employé. Lamésangère se mit en rapport avec Gavarni, lui expliqua longuement ce qu'il voulait, et lui indiqua le prix qu'il entendait mettre à cette publication. L'artiste accepta les conditions offertes, — chaque dessin était payé trente-cinq francs, il devait y en avoir cent, — et se mit à l'œuvre. Dès qu'il eut terminé dix dessins, il les envoya à Lamésangère, qui les transmit à un graveur nommé Gatine, chargé de les reproduire; mais ces dessins furent jugés insuffisants et le traité ne tarda pas à être rompu amiablement entre le dessinateur et l'éditeur. Gavarni à ce moment avait livré trente dessins, qui, après avoir été gravés, furent mis en vente coloriés à la main.

En même temps que cette série de travaux, sur laquelle il comptait, venait à lui manquer, Gavarni recevait de sa mère des lettres de plus en plus pressantes ; elle souhaitait ardemment revoir son fils qui depuis longtemps déjà l'avait quittée, et elle exprimait avec toute l'énergie de la tendresse la joie que ce retour lui causerait. Gavarni ne sut pas résister aux désirs de sa mère. Bien qu'il lui coûtât beaucoup de s'éloigner des Pyrénées, et qu'il se présentât toujours à son esprit une bonne excuse pour retarder ce départ, il boucla ses malles, serra la main de M. Leleu, dit adieu à ces montagnes qu'il avait parcourues en tous sens et arriva à Paris le 15 mai 1828. « Je viens de traverser une partie de Paris, écrit-il sur son journal[1], aujourd'hui, jour de l'Ascension. Que d'émotions, de souvenirs j'ai retrouvés dans chaque chose! la succession des sensations que j'éprouvais semblait, à chaque objet nouveau, chasser un souvenir de ma pensée trop pleine... Ils reviendront, ils sont si jolis!... Pas tous... Dans quelques heures, je vais revoir ma mère... Quelle agitation!... Je ne sais plus quoi dire... Je ne sais pas ce que je pense. »

Pendant l'année qui suivit ce retour à Paris, Gavarni passa presque tout son temps hors de chez lui. Il renouvelait dans cette ville, dont il rêvait d'être un jour l'historien, les excursions qu'il avait faites naguère dans les montagnes ; il voulait tout voir, tout connaître ;

---

1. Edmond et Jules de Goncourt, p. 65.

sa curiosité n'était jamais satisfaite. Dans les rues, sur les boulevards, dans les salons ou dans les bals publics, il étudiait en observateur ce qu'il voyait, entassant dans sa tête souvenirs sur souvenirs et se préparant ainsi à remettre sous les yeux de ses contemporains ou à leur révéler un coin de la société parisienne. Il dessinait des costumes; — c'était de ce côté que son talent se dirigea tout d'abord, — il rêvait de donner aux vêtements des hommes et des femmes une forme nouvelle; les dessins que lui avait commandés Lamésangère l'avaient mis en goût; il continuait dans cette direction les études qu'il avait faites dans les Pyrénées; mais, bien que ces dessins fussent d'une rare élégance, il ne tirait en réalité qu'un bien mince profit de son talent et ne laissait pas, à certains jours, d'être assez inquiet de l'avenir. Une circonstance fortuite vint calmer, momentanément du moins, cette préoccupation. Un de ses amis qui connaissait Susse, lui proposa de mettre sous les yeux de ce marchand de tableaux, alors fort en vogue, quelques-unes des aquarelles qu'il avait vues chez lui. Gavarni accepta, et, à quelque temps de là, porta timidement à Susse, à qui sa visite avait été annoncée, deux dessins qu'il venait de terminer. Susse les regarda avec attention,

les trouva de son goût et consentit à les acquérir, à la condition que l'artiste les signerait. Celui-ci, après un moment d'hésitation, prit une plume, et comme s'il eût été subitement inspiré par le souvenir des beaux jours qu'il avait passés dans les Pyrénées, il inscrivit au bas de ces dessins le nom d'un des sites qui l'avaient le plus vivement impressionné; il signa *Gavarni,* et ce pseudonyme fortuit devait dans l'avenir faire complétement oublier le nom de Chevalier, qui seul, le jour de la naissance de l'artiste, avait été inscrit sur les registres de l'état civil.

Les amateurs qui virent à la devanture de Susse les dessins de ce nouveau venu ne tardèrent pas à être séduits par le charme singulier de ce crayon fin et précis, par l'esprit de ces figures habillées coquettement et adroitement coloriées. On se demanda quel était cet inconnu, d'où il venait, où il avait étudié? Les mieux informés d'ordinaire ne savaient que répondre aux questions qui leur étaient adressées. La curiosité ainsi déçue est généralement très-profitable à celui qui l'éveille. On croit se décerner un brevet de connaisseur en se hâtant d'acquérir, pour les exposer aux regards de ses amis, quelques-uns de ces ouvrages encore peu répandus, et l'artiste qui, la veille, n'aurait pas eu pour ses œuvres un acheteur, en trouve promptement plus qu'il n'en peut contenter. C'est ce qui arriva pour Gavarni. Susse, qui avait vendu très-vite ces deux dessins, en demanda d'autres, et si l'artiste n'y avait pris garde, s'il n'avait eu un désir bien arrêté de pousser plus avant ses études, il aurait pu, en se laissant trop facilement séduire, compromettre sa carrière. Il n'en fut rien. Plus il voyait que son talent était apprécié, plus il s'efforçait de bien faire. Dans l'atelier que Gavarni avait loué à Montmartre, au mois de juillet 1829, il travaillait sans relâche d'après nature. Lorsque les modèles lui manquaient, il mettait à contribution ses parents et ses amis; il dessinait tout ce qui lui tombait sous les yeux, hommes, femmes, enfants, animaux, paysages, intérieurs, objets mobiliers ou autres; lorsque, dans ses courses, il voyait une vieille masure qui menaçait ruine, un coin pittoresque, une maison de campagne bien située ou bien coquette, il en conservait le souvenir sur l'album qui ne le quittait jamais; il étudiait le paysage dans les beaux jardins qui couvraient encore à cette époque le revers de la colline au haut de laquelle il habitait, et il faisait ainsi pour toute sa vie provision de croquis exécutés avec la précision d'un géomètre, dessinés avec le goût d'un véritable artiste. Ainsi armé de toutes pièces, rompu à toutes les difficultés du métier, il amassait de véritables trésors, qu'il n'aurait pour ainsi dire qu'à feuilleter lorsque le moment serait venu de placer dans leur milieu les figures ainsi recueillies une à une ou les groupes ainsi entrevus.

Gavarni avait eu le temps de consacrer une année entière à ce travail opiniâtre, à cette étude continuelle de la nature animée ou inanimée, lorsque M. Émile de Girardin vint lui demander de collaborer au journal *la Mode*. Pour un homme qui avait toute sa vie rêvé de réformer le costume, qui n'avait cessé d'étudier les vêtements des hommes et des femmes aperçus chemin faisant, à Bordeaux ou à Tarbes, dans les villages de la frontière espagnole ou à Paris, c'était une fortune inespérée. Aussi accepta-t-il avec empressement l'offre de M. de Girardin, et envoya-t-il chaque semaine au rédacteur en chef de *la Mode* des dessins qui étaient gravés, à mesure qu'ils étaient terminés, par Trueb et par Nargeot. Cette heureuse fortune en valut une autre à Gavarni. M. de Girardin avait appelé à lui la plupart des littérateurs qui débutaient alors dans la carrière et chez lesquels il avait cru deviner une chance d'avenir. Gavarni ne tarda pas à lier connaissance avec eux. La tâche de l'artiste dans le journal *la Mode* consistait à fournir, à des époques fixes, des costumes de tout genre; on y voyait des travestissements, des toilettes de ville et de campagne, des habits de chasse, les uniformes de la garde nationale, et quelquefois des dessins de détail étaient destinés à faire exactement comprendre la forme même de certains vêtements que Gavarni avait inventés et qu'il entendait faire adopter par le public. A côté de modèles de costumes proprement dits, c'étaient quelquefois aussi des projets de jardinières et d'écrans, des modèles de bijoux, des dessins de dentelles et d'étoffes que Gavarni inventait avec la même facilité ; et pour se rendre un compte exact de la mode qui régna en France à partir de l'année 1829, on ne pourra mieux faire que de consulter les dessins que Gavarni donna au journal fondé par M. de Girardin. Il ne se contentait pas d'ailleurs, nous le répétons, de reproduire fidèlement les vêtements qu'il voyait ou qui lui étaient soumis, il devançait la mode et réalisait le rêve qu'il avait toujours caressé, de présider à la destinée du costume. Le dessinateur du journal *la Mode* était devenu l'arbitre et l'inspirateur ordinaire de la toilette masculine et féminine.

Un moment après la révolution de 1830, Gavarni se laissa aller, comme Decamps, à de regrettables plaisanteries, à des épigrammes à l'adresse de la monarchie déchue; il fit du roi Charles X une caricature dans laquelle il représenta le souverain vêtu d'une longue soutane, tenant sous un bras une mitre, un chapelet et les ciseaux de la censure, et sous l'autre, un habit très-brodé, un grand sabre et une épée. Charles X, coiffé d'un colback de lancier, portant le grand cordon de la Légion d'honneur en sautoir, et chaussé de grandes bottes à l'écuyère, était censé crier à gorge déployée la légende inscrite au bas de la planche : *Vieux habits, vieux galons*[1]. Dans une autre caricature sortie également du crayon de l'artiste, et également relative à la chute de la royauté légitime, *le Ballon perdu,* Charles X, le

---

1. Aux trois états de cette planche décrits dans le catalogue de l'œuvre, il faut en ajouter un quatrième : Au-dessous de l'inscription : *Vieux habits,* on lit une traduction anglaise de cette légende.

duc et la duchesse d'Angoulême, grotesquement serrés les uns contre les autres, étaient portés dans la nacelle d'un ballon lancé dans les airs et déjà loin de la terre. Gavarni, il est vrai, ne s'était pas senti le courage de signer ces caricatures. Elles parurent sans nom d'auteur. Il ne les reniait pas toutefois; mais il se reprochait jusqu'à la fin de ses jours de les avoir faites. MM. de Goncourt nous racontent à ce propos[1] qu'un « soir, il leur fit l'honorable aveu qu'en lisant tout haut, plus tard, dans les *Chànts du crépuscule,* les vers suivants :

> Pas d'outrage au vieillard qui s'exile à pas lents.
> C'est une piété d'épargner les ruines.
> Je n'enfoncerai pas la couronne d'épines
> Que la main du malheur met sur les cheveux blancs.

la voix lui manqua, le remords lui vint; il se sentit comme souffleté, pensa à son vieux père et prit pour toujours l'horreur de la caricature politique. »

Gavarni n'avait pas, au surplus, le sens de la caricature; à Daumier et à Traviès appar-

---

1. Edmond et Jules de Goncourt, p. 89.

tenait cette aptitude particulière, qui consiste à rendre grotesque un visage en exagérant certaines parties au détriment d'autres que l'on diminue, à ridiculiser quelquefois jusqu'à la cruauté ou jusqu'à l'injustice tel ou tel acte, tel personnage, telle réunion d'hommes. Gavarni avait en outre pour la politique la plus entière indifférence, sinon la plus grande aversion, et son indépendance naturelle, son insouciance si l'on veut, l'aurait empêché de mettre son crayon au service d'une cause quelconque ; il sentait d'ailleurs fort bien qu'il n'était pas fait pour la caricature et il écrivait quelque part : « La caricature que je ne méprise pas du tout est, pour moi, le dessin naïf approchant le dessin de l'enfant. Eh bien, je suis arrivé, après de longues études, à faire un bonhomme comme en fait un enfant de dix ans, mais je ne puis en faire qu'un comme cela[1]. »

Gavarni avait d'ailleurs bien autre chose à faire qu'à s'occuper des événements politiques auxquels il se trouvait contraint d'assis-

---

1. Edmond et Jules de Goncourt, p. 167.

ter. Ses dessins obtenaient un succès immense; les éditeurs commençaient à venir à lui et ambitionnaient l'honneur de mettre leur nom au bas de quelques lithographies dues au crayon du maître à la mode. *Le Musée des familles* et *l'Artiste* publiaient fréquemment des dessins ou des lithographies signés de lui. Il ne se bornait plus à être un simple dessinateur de modes, un inventeur de costumes, il ne lui suffisait plus de diriger le goût des hommes et des femmes pour leurs ajustements, son ambition avait peu à peu grandi; il aspirait à devenir un peintre de mœurs, et, presque du premier coup, il atteignit le but auquel il visait. Tout en continuant de collaborer aux journaux de mode qui paraissaient de son temps, il s'exerçait dans un genre qu'il n'avait pas encore abordé. Il débutait à *l'Artiste,* en 1831, par une scène empruntée à *la Peau de chagrin,* de Balzac : *le docteur Planchette explique à Raphaël la théorie de la presse hydraulique,* lithographie fine et harmonieuse qui accuse déjà l'aptitude de Gavarni à exprimer la pantomime des personnages en scène; l'année suivante il entre en pied dans le journal, et après *l'Intrigue,* deux femmes déguisées et masquées parlant à l'oreille d'un homme en habit noir fort préoccupé des révélations qui lui sont faites ; après *la Mascarade, les Apprêts pour le bal;* après *un Bal à la Chaussée-d'Antin,* une des rares planches dans lesquelles Gavarni ait peint la bourgeoisie aisée, il puise le motif d'une composition dans un roman d'Henri Berthoud, *la Sœur de lait du Vicaire,* ou il choisit dans une nouvelle d'un romancier bien oublié, *Paquita,* par Hector de Laferrière, un épisode particulier qui lui permet de montrer une fois de plus la finesse de son crayon et la justesse de ses interprétations. Les premiers volumes du journal *l'Artiste* sont remplis de charmantes lithographies de Gavarni qui avoisinent des œuvres analogues, signées des noms de Decamps, des Johannot, de Charlet et de Devéria. Tous les dessinateurs de talent étaient appelés par Ricourt, le directeur d'alors, à concourir au succès de ce recueil, et les planches de Gavarni étaient goûtées au moins à l'égal de celles de ses confrères. Jusqu'à la fin de sa vie, Gavarni continua à envoyer de temps en temps à *l'Artiste* quelques dessins. Jamais il n'y travailla avec autant d'assuidité que pendant les années 1832 et 1833.

A cette même époque il fit paraître les *Nouveaux Travestissements,* les charmantes *études d'enfants*[1] qui marquent le véritable point de départ de son très-réel talent de lithographe, et une série de planches qui étaient coloriées à la main avec un soin particulier et qu'il intitulait : *Physionomie de la population de Paris*. Balzac fit à cette série l'honneur d'un article sympathique dans un journal du temps. Ces deux hommes, Gavarni et Balzac, étaient du reste bien faits pour se comprendre et bien faits pour s'apprécier mutuellement. Voués par goût à l'étude de la société au milieu de laquelle ils vivaient, possédant au suprême degré cette faculté d'analyse qui les poussait à ne rester indifférents à aucun des événements qui se passaient sous leurs yeux, ayant tous deux à leur service un moyen également puissant, la plume et le crayon, d'exprimer leur pensée, ils pouvaient

---

1. *Études d'enfants* dédiées à Raimond Lagarrigue, peintre, professeur à l'école de Tarbes, par Gavarni, 1834. Paris, chez Gihaut frères. Ces lithographies, qui portent la date de 1834, étaient terminées en 1833, car elles furent déposées par l'imprimeur au ministère de l'intérieur le 4 décembre de cette année. Gavarni a lithographié deux fois le portrait de Raimond Lagarrigue, un ami qu'il avait connu aux Pyrénées. Le premier porte la date de 1841, le second la date de 1842.

se rendre de mutuels services, s'entr'aider dans la campagne sociale qu'ils avaient entreprise presque simultanément, et dès lors l'opinion que chacun de ces hommes a exprimée sur l'autre est précieuse à rapporter : « Balzac a fait de belles choses, dit Gavarni[1], on ne pourra guère pousser plus loin la vigueur de l'analyse. Son œuvre, composé d'imagination et d'intuition, est une grande œuvre. » « Le secret de Gavarni, dit de son côté Balzac[2], c'est la nature prise sur le fait, c'est la vérité. — L'artiste élit domicile chez un marchand de vin, mange du fromage et boit le suresne à seize ; entend les : « Moi ! — Toi. — Oui. « — Ahô ! — Ah ! je te dis... — Non — si — pas « vrai !... » Il entend ces idiomes inconnus qui, dans les langages, sont entre le bas-breton et le samoyède ; il comprend les onomatopées des porteurs d'eau, des crieurs, des gamins ; il admire les charretiers et les saisit dans le vrai. » Ces deux portraits sont également ressemblants ; ils ont, en outre, le mérite d'avoir

---

1. Edmond et Jules de Goncourt, p. 192.
2. *Ibid.*, p. 102.

été faits à une époque où Gavarni et Balzac n'avaient pas encore le bénéfice de la notoriété, à une époque même où leur talent n'avait pas acquis son complet développement.

Soit que la fréquentation des gens de lettres lui eût donné le désir d'écrire, soit qu'il crût sincèrement avoir en lui l'étoffe d'un écrivain, Gavarni fut pris, en l'année 1833, d'une démangeaison immodérée de faire de la littérature. C'est de cette année ou de l'année suivante que datent la plupart des nouvelles que M. Yriarte a publiées en 1869, sous le titre un peu prétentieux que Gavarni avait lui-même choisi lorsqu'à la fin de sa vie il avait songé à mettre au jour ces écrits de jeunesse : *Manières de voir et façons de penser*[1]. Ces nouvelles, que Gavarni lui avait communiquées en épreuves, ont fourni à Sainte-Beuve, dans ses *Causeries du Lundi,* matière à un de ces articles dans lesquels il n'y a rien à reprendre ; l'incomparable critique, en liant entre eux ces récits un peu décousus, en mettant en

---

1. M. Yriarte a fait précéder ce volume d'une très-intéressante étude sur Gavarni.

évidence certaines situations inégalement développées, a extrait de ce livre juste ce qu'il y avait à en extraire; il a présenté sous le jour le plus favorable ces essais littéraires, et il a si bien su donner la substance des *nouvelles* écrites par Gavarni que, lorsque le volume publié par M. Yriarte parut, on éprouva comme une sorte de désappointement en le lisant. On croyait, à en juger par les extraits donnés par Sainte-Beuve, que tout l'ouvrage était au niveau des passages que le critique avait encadrés dans son propre travail, et lorsque l'on se trouvait en face de la réalité, lorsque l'on constatait certaines longueurs ou surtout certains caractères incomplétement dessinés, on ne tardait pas à reconnaître que c'était au talent d'exposition de Sainte-Beuve, au moins autant qu'au mérite même de l'ouvrage, qu'il fallait rapporter la bonne impression que l'on avait ressentie.

Ce besoin impérieux de s'adonner à la littérature eut pour Gavarni un résultat autrement fâcheux que celui de lui faire perdre des heures qu'il eût certes employées plus utilement dans d'autres occupations, il compromit son indépendance pour un temps. Non content d'écrire des nouvelles qu'il eût pu facilement, s'il avait voulu s'en donner la peine, faire insérer dans les revues qui paraissaient à cette époque, il lui vint la malencontreuse idée de fonder un journal. Il lui tenait à cœur d'avoir à lui une tribune dans laquelle il serait absolument libre de dire ce qu'il voudrait. Chaque numéro devait contenir un dessin et un article de lui, et le public auquel il s'adressait était précisément celui qui le connaissait le mieux, le public élégant.

Malheureusement Gavarni n'avait aucune des qualités requises pour mener à bien une entreprise de ce genre. Il ne sut pas se former une clientèle qui, seule, eût pu faire vivre le recueil qu'il avait fondé; il ne lui fut pas possible de grouper autour du *Journal des gens du monde* assez de lecteurs pour lui assurer une longue vie. Il avait cependant attiré à lui les gens de lettres et les artistes qui jouissaient de la faveur publique; il avait fait à Alexandre Dumas, à Henri Berthoud, à Alphonse Karr, à George Sand et à quelques autres littérateurs un appel qui avait été entendu; Jean Gigoux, Charlet, les Devé-

ria, le comte Turpin de Crissé, les Johannot et Isabey avaient offert à leur confrère de lui fournir périodiquement des dessins. Il semblait qu'avec un personnel aussi bien choisi, l'entreprise de Gavarni dût réussir ; et cependant il n'en fut rien. Le premier numéro du *Journal des gens du monde* avait paru le 6 décembre 1833 ; au mois de juillet 1834, la publication en fut forcément interrompue. Ainsi en sept mois Gavarni avait englouti dans ce journal une grosse somme qui ne lui appartenait pas et qui, avant d'être remboursée aux personnes qui la lui avaient prêtée, lui causa mille ennuis et entrava sa liberté. Harcelé de tous côtés, livré aux mains d'usuriers qui, sous prétexte de lui venir en aide, l'enfonçaient tous les jours un peu plus dans l'abîme, Gavarni n'avait même plus le temps de travailler. Il était toujours contraint d'avoir recours aux expédients, et il se vit bientôt exposé aux griffes de ces officiers ministériels dont il a esquissé l'office dans une série qu'il publia plus tard sous le titre de *M. Loyàl*[1],

---

1. C'est à cette série qu'appartient la planche bien connue dans laquelle un huissier dicte à son clerc la liste des objets qu'il saisit. A propos d'un tableau accroché à la murailler, eprésentant une femme absolument nue lisant dans un livre posé sur une tête de mort, une sorte de sainte Madeleine, Gavarni met dans la bouche de l'huissier ces paroles : « ... *item un tableau représentant une femme couchée dans un cadre doré, lequel*

et ne gagnant rien ou presque rien, puisqu'il ne travaillait pas, il sentait fort bien qu'une catastrophe était imminente. Cette catastrophe arriva au mois de mars 1835. Gavarni, dans l'impossibilité momentanée de faire face à ses engagements, fut, à la requête d'un créancier plus exigeant que les autres, appréhendé au corps par les gardes du commerce et enfermé pendant quelque temps dans la prison de Clichy. Le *Journal des gens du monde* n'avait eu pour lui d'autre résultat que de le mener là.

Loin de s'affliger outre mesure de sa triste situation, Gavarni profita des circonstances qui le mettaient en contact avec un monde qu'il n'eût peut-être pas connu sans cela pour l'étudier dans ses moindres détails. C'est le séjour fait par Gavarni en prison qui nous a valu *Clichy*, suite de dix-neuf planches publiées en 1840. Ces planches nous initient aux habitudes d'une maison pénitentiaire aujourd'hui supprimée, dans laquelle, à côté de journées longues et tristes, il y avait encore des moments de

---

tableau ma susdite dame de Beaupertuis nous a déclaré être un portrait de famille. »

gaieté et des heures où l'on oubliait la porte de fer qui séparait les détenus du grand air. Si l'on excepte même ce jeune homme assis dans sa cellule, les mains dans ses poches, le chapeau sur le derrière de la tête, réfléchissant à la rigoureuse réalité et s'adressant à lui-même ce mot que Gavarni a inscrit au bas de la planche : *Enfoncé!* ou cette femme disant à son mari emprisonné qui couvre son enfant de baisers : *Petit homme, nous t'apportons ta casquette, ta pipe d'écume et ton Montaigne,* on trouvera que le côté gai de la vie avait, pendant le temps qu'il passa dans la prison pour dettes, plus préoccupé Gavarni que le côté profondément pénible de ce séjour [1].

[1]. A propos de la série intitulée *Clichy*, il nous paraît intéressant de rappeler une anecdote que M. Charles Blanc rapporte dans *l'Avenir national* du 7 décembre 1866. Inutile de dire que l'ancien membre du gouvernement provisoire n'est autre que le frère de l'auteur de l'article, M. Louis Blanc : « Un jour, Gavarni se rencontra (à Londres) chez un rédacteur du *Times,* Cork street, Burlington Arcade, avec l'un des anciens membres du gouvernement provisoire, et comme il lui faisait, sans mot dire, un salut gourmé : « Monsieur Gavarni, lui dit « son compatriote, j'ai bien peur de ne pas être dans vos

A sa sortie de Clichy, pendant les rares instants de liberté que lui laissaient ses courses d'affaires, Gavarni fit un certain nombre de lithographies signées *G., 1835,* ou quelquefois *Gavarni, 1835,* qui exerçaient sa main sans remplir beaucoup sa bourse. La plupart de ces planches ne furent pas publiées et, tirées à très-petit nombre, elles sont aujourd'hui fort difficiles à rencontrer. Elles représentent des figures isolées ou des sujets familiers. Une femme assise sur un banc de pierre tient à la main une fleur ; une autre se dispose à ouvrir

« bonnes grâces... — Vous l'avez dit, répondit-il froidement...
« — Eh bien, monsieur, aidez-moi, je vous prie, à m'en conso-
« ler en me disant pourquoi. — Pourquoi ? n'étiez-vous pas
« membre du gouvernement provisoire, et ce gouvernement
« n'a-t-il pas aboli l'emprisonnement pour dettes ? — Est-ce
« donc là un si grand crime ? — C'est un acte de tyrannie abo-
« minable. Je voudrais bien savoir de quel droit on m'ôterait
« la liberté d'engager ma liberté pour me procurer de l'argent.
« — Ah ! je comprends : vous ne voulez pas qu'on vous ôte
« d'avance l'occasion d'un voyage à Londres. » Cette réplique,
loin d'offenser Gavarni, l'amusa. « Parlons d'autre chose, dit-il
« avec un commencement de sourire. Après tout, on tire en
« général ses opinions de son expérience. Vous ignorez, je le
« vois, combien il est parfois nécessaire... et difficile d'avoir
« des créanciers... je vous en fais mon compliment. » La glace
était enfin rompue ; il devint très-aimable. »

un album; une jeune fille poursuit un papillon avec un filet de gaze, une amazone monte des degrés, deux femmes dorment dans le même hamac; une veuve accompagnée de son enfant va déposer deux couronnes d'immortelles sur la tombe encore fraîche d'un époux et d'un père; une jeune mère fait sauter son enfant à la corde, compositions assez prévues en somme, qui n'ont d'autre mérite que d'être finement dessinées et ingénieusement agencées. Bien que ces planches fussent exécutées au moment même où les aspirations littéraires de Gavarni venaient de se manifester, aucune légende ne les accompagnait. L'artiste semblait garder rancune quelque temps à la littérature et vouloir uniquement s'occuper du dessin.

Ce ne fut qu'un peu plus tard, en 1837, qu'il songea à se charger lui-même de nous révéler ce que pensent, ce que se disent, ce que méditent les personnages qu'il met en scène, qu'il invente, qu'il groupe. Philippon qui dirigeait alors le *Charivari*, voyant le succès qu'obtenait Robert-Macaire, dont Daumier venait d'imaginer le type, et sachant avec quel esprit Gavarni savait peindre la femme, alla le trouver et lui demanda de faire une madame Robert-Macaire : « Mais Robert-Macaire, lui fut-il répondu, c'est la filouterie, cela n'a pas de sexe. Quand ce serait une femme, cela n'y ferait rien. C'est la filouterie féminine qu'il faut faire, voilà le neuf[1]. » Philippon se rendit facilement à l'opinion de Gavarni et le laissa libre de faire ce qui lui plairait. Au bout de quelques jours, l'artiste apporta au directeur du *Charivari* les premières planches des *Fourberies de femmes en matière de sentiment*, série interrompue, puis reprise, qui ne fut terminée qu'en 1840. Dans ces planches, Gavarni apparaît pour la première fois tel qu'il sera toujours dans la suite, un dessinateur aussi original que précis, un penseur profond et un observateur d'une rare sagacité. Dans cette série, trois personnages sont en scène le plus souvent, le mari, la femme et l'amant; victimes tour à tour des piéges qui leur sont tendus par la femme, le mari et l'amant acceptent avec plus ou moins de phi-

---

1. Sainte-Beuve, *Causeries du Lundi*, 1866. Tome VI, p. 152.

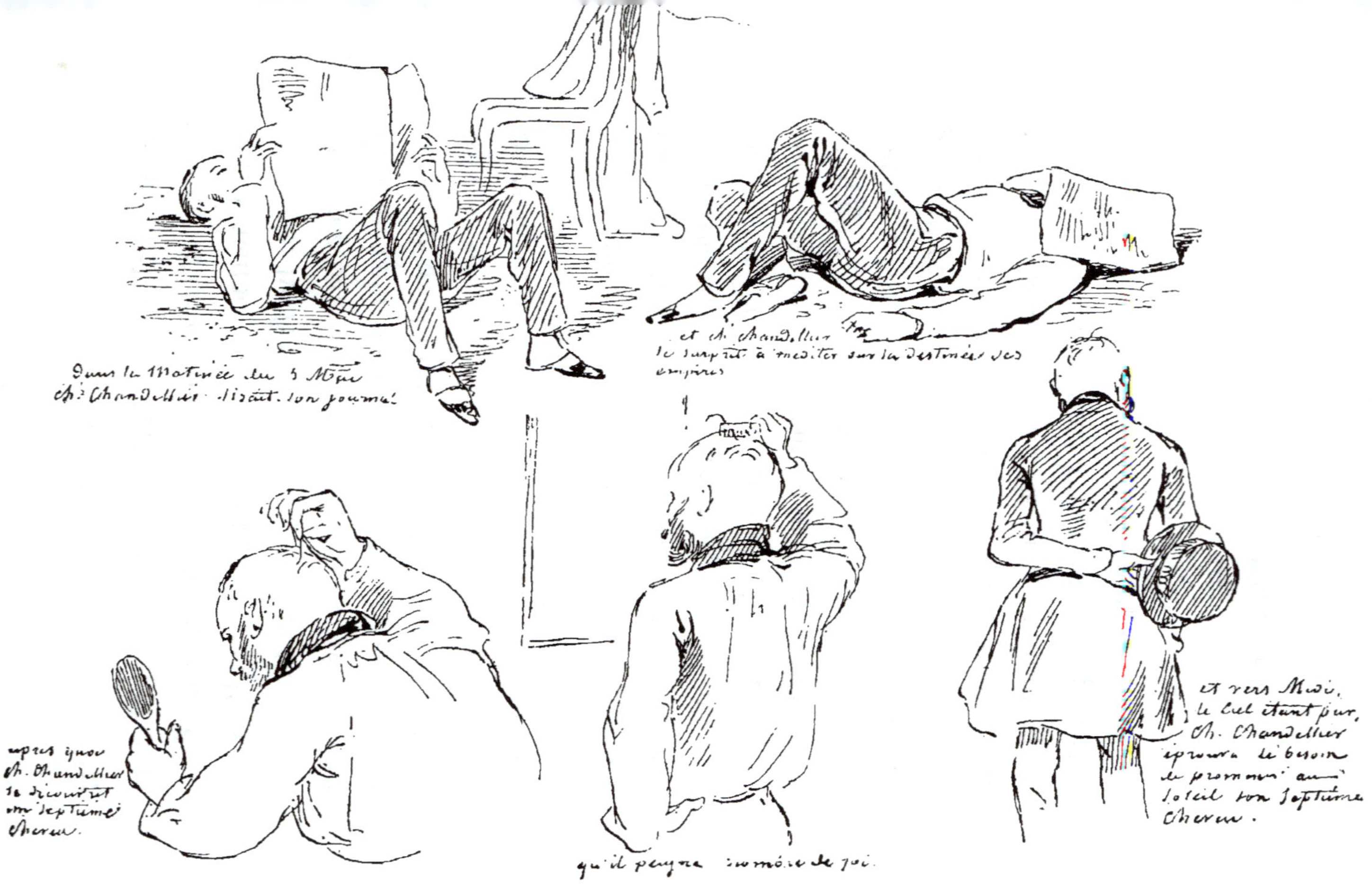

losophie la situation souvent ridicule qui leur est faite; ils sont tour à tour confiants ou jaloux, débonnaires ou terribles. Ici une femme étendue dans un fauteuil et paraissant profondément endormie, cache sous son siége le chapeau d'un homme blotti derrière le lit, tandis que le mari, en chemise, armé de deux pistolets, s'avance furieux vers elle, et se dit à lui-même : « *Il me semble pourtant avoir entendu la voix d'un homme dans sa chambre... mais elle dort ; elle dort paisiblement. O Angélique, je suis un monstre d'ingratitude !...* » Là deux jeunes gens se rencontrent sur la terrasse du bord de l'eau; il pleut à verse; ils s'abritent sous le même parapluie et voici le dialogue qui s'établit entre eux : « *J'ai rendez-vous ici, mon cher, avec une femme charmante ! — Et moi aussi ! — Une blonde !! — Et moi aussi !! — Les yeux bleus !!! — Et moi aussi. Alphonsine !!!!! — Et moi aussi !!!! — Petite !!!!! — Et moi aussi !!!!! — Ah ! je suis floué !!!!!! — Et moi aussi !!!!!!* » Gavarni avait réalisé le programme qu'il avait développé devant Philippon ; le succès répondit à l'attente du directeur ; l'artiste, désormais un des dessinateurs habituels du *Charivari*, avait trouvé sa véritable voie.

Après cet heureux début, Gavarni publia dans le *Charivari* d'autres séries qui eurent le même succès que leur aînée. Dans la *Boîte aux lettres* (1837-1838) Gavarni donnait, au-dessous de chaque sujet, le fac-similé de lettres imaginaires, écrites dans les styles les plus variés et avec une orthographe presque toujours ultra-pittoresque. Le côté comique domine ici comme dans presque toutes les planches que Gavarni met au jour à cette époque : un jeune homme remet comme lettre d'introduction à un protecteur auquel il ambitionne d'être présenté, ce billet cacheté : *Mon cher Camille, le grand dadet qui vous remettra cette lettre est bien le plus ennuyeux jobard du département (ce qui n'est pas peu dire), mais je n'ai pas su me défendre de vous l'adresser. Débarrassez-vous-en comme vous pourrez.* Le plus souvent les personnages mis en scène sont des étudiants ou des lorettes. Rendez-vous donnés en partie double, demandes d'argent d'un neveu à son oncle, déclarations d'amour ou mises en demeure, voilà les données que développe ou que commente le crayon du dessinateur. Gavarni excelle dans cette correspondance où les sous-entendus jouent un grand rôle, où ce que trace la plume n'est qu'une très-faible partie de la vérité. Bien que Gavarni ait prétendu « avoir acheté au poids chez les épiciers les lettres d'amour[1] » qu'il transcrit au bas des planches formant la série connue sous la rubrique de la *Boîte aux lettres,* il est permis de penser que le plus souvent il retouchait ces épîtres et qu'il y mettait précisément le mot qui en faisait l'intérêt. Dans cette série, Gavarni se contente de nous initier aux mystères occultes de la petite poste ; il aura un but différent en 1839, lorsqu'il publiera encore, dans le *Charivari, les Leçons et Conseils* : « *Si l'on avait assez de fonds,* dit sérieusement un homme d'affaires à un confrère, *pour acheter toutes les consciences qui sont à vendre... les acheter ce qu'elles valent et les revendre ce qu'elles s'estiment, ça serait ça une bonne affaire!...* — *Ah fichtre!* » répond le confident. Une autre fois Gavarni mettra dans la bouche d'un

---

[1]. Edmond et Jules de Goncourt, p. 165.

homme qui s'adresse à un enfant ces paroles qui montrent déjà la maturité de son esprit et même le sentiment de mélancolie un peu amère qui l'envahira plus tard : « *Tu mens, enfant, par gourmandise, jeune homme tu mentiras par amour, homme par orgueil, vieillard par hypocrisie... race menteuse et sotte... comme si l'on ne pouvait avoir, sans tromper autrui, ni pommes, ni femmes, ni gloire en ce monde, ni paix dans l'autre.* » En feuilletant cette série, on voit que l'artiste a fait une étude approfondie du cœur humain à un âge où le plus souvent on se dispense de réfléchir, et que ses réflexions l'ont amené à cette conviction que les penchants mauvais l'emportent chez tous les hommes sur les bons instincts.

Triste conviction qui poursuivra Gavarni dans le cours de sa vie entière. Les séries qu'il invente à cette époque et qu'il publie sans interruption à dater de ce moment procèdent toutes du même sentiment. Ce n'est qu'un côté de la société sans doute qu'il nous fait connaître, mais s'il attire nos regards, s'il appelle nos pensées sur les vices de l'espèce humaine, sur des torts non excusables, il ne peut cependant être accusé de glorifier ces vices. Il les montre à nu, quelquefois d'une façon un peu crue, mais il a soin en même temps de nous avertir des maux qu'ils engendrent, du sort qui attend tôt ou tard le débauché. A côté des planches où se révèlent pleinement les instincts comiques de l'artiste, s'en trouvent, comme à dessein, quelques-unes qui viennent contrebalancer l'effet que leurs voisines ont pu produire.

Les Rêves, les Transactions, les Muses, Paris le matin, les Nuances du sentiment, les Martyrs, les Étudiants de Paris et *les Enfants terribles*, créations qui commencèrent également à voir le jour en 1839, viennent révéler d'une façon supérieure encore le talent de Gavarni. On n'oublie pas, quand on les a vues, les séries des *Étudiants de Paris* ou des *Enfants terribles*. L'étudiant, cet être disparu aujourd'hui de notre globe, qui vivait entre la rue de l'École-de-Médecine, la Sorbonne, la place du Panthéon et la Chaumière, qui se préparait, avec les cent francs que lui envoyait chaque mois sa famille, à devenir médecin ou avocat, *à avoir du talent* ou *à avoir des mœurs*, a trouvé dans

Gavarni un fidèle historien. C'est, il est vrai, l'étudiant qui n'étudie guère que l'artiste a dépeint de préférence, mais il a mis dans sa peinture tant d'exactitude, un sentiment si vif de la réalité, que chacun reconnaîtra à ce portrait tracé de main de maître l'homme à côté duquel il a vécu, s'il n'a pas assez de bonne foi pour se reconnaître lui-même. Ce sont les travers que Gavarni prétend relever, et non pas les qualités qu'il entend mettre en évidence; aussi l'étudiant qui va au cours, qui fréquente l'École de droit, qui passe régulièrement ses examens, l'intéresse-t-il beaucoup moins que celui qui a des succès à la Chaumière ou qui est passé maître dans l'art du carambolage. L'étudiant, tel que Gavarni nous le montre, aime à jouer, à flâner, et à danser; le plus souvent il est en compagnie d'une grisette qui lui reproche tantôt d'avoir acheté un cadavre avec l'argent sur lequel elle comptait pour avoir un mantelet, tantôt qui brûle, après les avoir lues, les « lettres de l'ancienne », ou qui menace de son courroux son amant, si le jour où il sera procureur du roi, il ne « l'emmène pas à tous ses jugements ». Une légende concise suffit souvent à Gavarni pour exprimer toute une succession de pensées. Cette série qui est nombreuse, — elle se compose de 60 planches, — initie celui qui la passe en revue aux habitudes de ces aspirants magistrats et de ces futurs médecins qui se préparaient assez gaiement à sauvegarder la société de ses périls et à guérir l'humanité de ses maux physiques; elle rappelle à notre génération qui ne sait plus se contenter des plaisirs à bon marché, mais qui n'est pas pour cela plus morale, un temps déjà bien éloigné, une époque où la vie à ses débuts semblait se composer d'une succession continue de distractions et de fêtes.

Les Enfants terribles, suite très-différente, conçue par Gavarni au même moment, nous transporte dans un tout autre monde. Ces enfants, dont Gavarni avait précédemment su rendre les expressions vives ou les apparences chétives avec la précision d'un dessinateur consommé, fournirent encore à l'artiste l'occasion d'exercer sa verve comique; cette fois-ci ce sont leurs espiègleries souvent cruelles qui l'inspireront; les légendes répondront à la fermeté du dessin, à la justesse de la pantomime, et deviendront les classiques du genre. Tout

le monde se souvient de ces légendes qui semblent, tant elles sont vraisemblables, avoir été entendues par l'artiste. Les gestes sont en rapport direct avec les paroles que lancent ces enfants sans se rendre compte du déplaisir ou de l'embarras qu'ils causent à leurs parents, du trouble qu'ils jettent dans l'âme de ceux auxquels ils s'adressent. Leur physionomie demeure calme et sereine, même lorsque leurs paroles sont le plus blessantes ; leurs gestes ne trahissent aucune arrière-pensée méchante, aucune intention d'être désagréables ; l'ignorance où ils sont de la valeur des mots, cette franchise naturelle doublée d'une intraitable curiosité, sont les seuls coupables de ce bavardage toujours agaçant, souvent terrible.

En même temps que Gavarni inventait les *Enfants terribles* et les *Étudiants de Paris*, il était plus que jamais préoccupé des plaisirs ou des folies auxquels se livre par désœuvrement, par habitude ou par entraînement, une partie de la population de Paris, et ce besoin de tout voir, de tout constater, de tout définir, se traduisit pour la postérité dans les séries, *les Débardeurs, les Souvenirs du bal Chicard* et *le Carnaval à Paris*, qui doivent être comptées parmi les créations les plus originales de son crayon. Autrefois, à ses débuts, il avait entrepris de réformer le costume ; il avait entendu étendre sa réforme jusqu'aux habits de carnaval ; non content d'avoir inventé le débardeur, il tint à nous faire pénétrer dans ces lieux de plaisir où l'on est tenu de s'amuser à heure fixe, sous un signe du zodiaque déterminé, à une époque convenue à l'avance. En tête de la série des *Débardeurs*, Gavarni chargeait Robert-Macaire, ce personnage grotesque inventé par son confrère H. Daumier, de produire dans le monde, de patronner, pour ainsi dire, la troupe qu'il venait de créer. Robert-Macaire, dans le costume qui lui est particulier, montre de la main un homme et une femme montés sur une estrade et dit à la foule : « *Le débardeur mâle et femelle... vivants !... rapportés d'un voyage autour du monde ! par M. Chicard...* Jamais Gavarni n'avait encore trouvé une veine de légendes aussi comiques ; un débardeur femelle, les poings sur les hanches, apostrophe ainsi un jeune étudiant timide qui la suit: *Va dire à ta mère qu'a te mouche.* — *Voyons, Angélina, as-tu assez fait poser Mossieu?* dit, en passant sa tête par la lucarne d'une loge, un débardeur à un domino en bonne fortune. Un autre débardeur, avec un geste admirable d'indignation, s'écrie : *Doux Jésus, où que je vas me sauver? V'là Félicité qui fait des manières.*

Les légendes du *Carnaval à Paris* ne le cèdent

en rien à celles que nous venons de rapporter : Un étudiant, revêtu d'un costume dont toutes les bizarreries consistent dans un faux nez et dans un petit balai suspendu à son

côté, adresse ces paroles à un provincial égaré au bal, qui paraît prodigieusement s'ennuyer : *Méfie-toi, Coquardeau! si tu ne finis pas de t'amuser comme ça, on va te fich' au violon.* Ou bien entre deux sauvages s'arrêtant devant un homme âgé assis sur un banc, s'établit le dialogue suivant : — *C'est un diplomate.* — *C'est un épicier.* — *Non! C'est un mari d'une femme agréable.* — *Non, Cabuchet, mon ami; vous avez donc bu... que vous ne voyez pas que mossieu est un jeune homme farceur comme tout, déguisé en un qui s'embête à mort... le roué masque?* Au-dessus de chacune de ces légendes, qui sont restées dans la mémoire de tous ceux qui les ont lues, se trouve un dessin précis qui a droit, autant que la légende, à être signalé. De 1840 à 1847, Gavarni est, pour nous, dans la meilleure période de son talent; c'est à cette époque qu'il nous apparaît comme absolument maître de son crayon, complétement sûr de ce qu'il veut rendre. Plus tard il fera autrement, jamais il n'arrivera à exprimer avec plus de vérité la pantomime des êtres qu'il met en présence. Si nous joignons aux séries que nous avons mentionnées *les Lorettes, les Impressions de ménage* et la nombreuse suite des *Musiciens et Chanteurs* qui parut dans la *Revue et Gazette musicale,* nous aurons indiqué les ouvrages qui font le plus d'honneur à Gavarni jusqu'au moment où il quitta momentanément la France pour aller séjourner quatre années en Angleterre.

Les Lorettes eurent un succès prodigieux. Gavarni connaissait à fond les ruses de ce monde interlope qui ne fait jamais marcher le plaisir sans l'argent; il s'entendait à merveille à exposer les rouéries éternellement semblables de ces êtres qui vivent de jeunesse, d'expédients et de mensonges, et il est impossible d'en avoir mieux raconté l'histoire qu'il ne le fit. Ne dépeint-il pas la classe tout entière dans ces trois mots profondément vrais, *c'est mon état,* qu'il met dans la bouche d'une blonde jeune femme étendue sur un canapé répondant ainsi à son amant qui l'accoste en lui disant : *Toujours jolie.* Dans les deux séries intitulées *les Impressions de ménage,* Gavarni n'a toujours pris à partie qu'une fraction de la société, la petite bourgeoisie ou le peuple; il n'a pas connu, parce qu'il n'a pas voulu la connaître, ce que l'on est convenu d'appeler la bonne société. De même que pour les hommes, il s'en est tenu aux employés, aux bourgeois et aux viveurs petits et grands, de même pour les femmes, il n'a pas dépassé la ménagère, l'ouvrière ou la lorette. Au milieu de ces *Impressions de ménage* qui consistent le plus souvent dans

la représentation de scènes intimes entre couples bien ou mal assortis, de petites taquineries entre maris et femmes, dans le récit de confidences banales ou de révélations terribles, il est une planche dont le motif nous a paru particulièrement comique : Un mari et une femme sont couchés dans le même lit; ils appuient sur un même cataplasme leur deux joues malades qu'unit un bandeau commun noué sur le sommet de leurs têtes. Gavarni a inscrit au bas de la planche : *Un Cataplasme partagé. Sympathie. Économie.* Dans un autre genre et dans une manière un peu différente, — cette dernière planche fut exécutée en 1846, tandis que l'autre parut en 1843, — on voit un vieillard s'avançant timidement vers sa femme, mégère à l'allure impérieuse et hautaine, et lui disant : *Quand t'auras fait manger ton serin, M'âme Sénéchal, je voudrais bien déjeuner.* Une autre fois un homme en chemise et en bonnet de coton quittera son lit pour venir dire à sa femme occupée à travailler : *M'âme Surmonsin, y aura ce soir trente-un ans que tu n'es plus m'amselle Bouclé.*

Est-il, en bonne conscience, possible de garder son sérieux devant ces idées comiques rendues avec une justesse de pantomime et une vérité de mouvement que la plume ne peut ni traduire ni même faire entrevoir? La légende exprime si bien l'action ou les paroles des personnages représentés qu'il semble impossible qu'ils aient dit ou fait autre chose que ce que Gavarni leur fait dire ou faire[1]. Il est encore en veine de gaieté, le moment n'est pas encore venu où il nous montrera l'avenir qui attend la lorette ou le soir de la vie du libertin; il épuisera sa verve et la finesse de

---

1. A ce propos nous rapporterons ici deux passages du livre de MM. de Goncourt où ils nous apprennent, en se servant des paroles mêmes de l'artiste, comment Gavarni composait ses légendes : « Un soir que nous parlions à Gavarni de ses légendes et que nous lui demandions comment elles lui venaient : « Toutes seules, nous dit-il; j'attaque ma pierre sans « penser à la légende, et ce sont mes personnages qui me le « disent... Quelquefois ils me demandent du temps... En voilà « qui ne m'ont pas encore parlé », et il nous montrait les retardataires, des pierres lithographiques adossées au mur, la tête en bas » (page 274). Plus loin les mêmes écrivains rapportent encore ces autres paroles de Gavarni (page 275) : « Je tâche de faire dans mes lithographies des bonshommes qui me disent quelque chose. Oui, ils me disent ma légende. C'est pour cela qu'on les trouve si bien en scène, avec le geste si juste. Ils me parlent, ils me dictent. Quelquefois je les interroge très-longtemps, ceux-là finissent par me lâcher mes meilleures, mes plus cocasses légendes. Quand je fais mon dessin en vue d'une légende faite, j'ai beaucoup de mal, je me fatigue; et cela vient toujours moins bien : les légendes poussent dans mon crayon sans que je les prévoie ou que j'y aie pensé avant. »

son crayon à dessiner le type exact de ces musiciens qui ne connaissent pas le premier mot de la musique, mais qui passent leur vie à chanter dans les rues, à souffler dans un cornet à piston pour indiquer qu'ils vendent des robinets, ou à battre du tambour, les jours de fêtes dans les villages : physionomies bien définies qu'il a réunies sous le titre collectif de *Musiciens comiques ou pittoresques*. Il peint l'espèce tout entière en dessinant un type ; il sait, mieux que personne, résumer en un seul être qu'il invente, toute une race dont il a su saisir les habitudes ou les manies pour nous les présenter d'une façon concrète et sous des formes facilement saisissables.

Au mois de décembre 1847, le 21, Gavarni quittait Paris pour se rendre à Londres. Mille ennuis le décidaient à entreprendre ce voyage ; à côté de préoccupations d'un ordre tout intime, une sorte de découragement s'était emparé de lui ; un dégoût profond de la vie avait envahi son âme ; il espérait, en traversant la Manche, échapper aux agitations qui l'assiégeaient, trouver le calme d'esprit qui lui manquait, et, en étudiant les mœurs d'un peuple qu'il ne connaissait pas, donner à son talent un aliment nouveau. Bien que sa réputation l'eût précédé en Angleterre, ses espérances ne furent pas immédiatement réalisées. Il se passa quelque temps avant qu'il eût trouvé de l'autre côté du détroit des moyens d'existence assurés; en attendant, il envoyait en France des croquis qu'on transportait ensuite sur bois, il donnait aux journaux illustrés des dessins qui étaient immédiatement gravés et que les abonnés accueillaient avec faveur, mais, à Londres comme à Paris, Gavarni ne sut pas se plier aux exigences du monde et ne consentit pas à se soumettre aux commandes des éditeurs ; il voulut garder son indépendance, et s'il eut à souffrir personnellement de cette détermination, son talent ne put au contraire qu'y gagner.

Il parcourut en tous sens les quartiers excentriques de Londres, passant des heures entières à regarder les êtres misérables et tout déguenillés qui les habitent; il allait s'asseoir dans les tavernes hantées par les *pickpocket,* dans les cabarets où se donnent rendez-vous les industriels de bas étage; il assistait aux combats de rats et jamais il ne manquait de s'assurer une place lorsqu'il devait y avoir quelque part un assaut de boxeurs. Sa curiosité ne pouvait se satisfaire, et Gavarni attendit son retour en France pour mettre sur pierre la plupart des scènes auxquelles il avait assisté.

Pendant son séjour à Londres, Gavarni fit un très-grand nombre de dessins à la plume et d'aquarelles, mais il signa fort peu de lithographies. En dehors des compositions qu'il envoyait fréquemment à Paris au journal *l'Illustration,* ou qu'il insérait presque périodiquement dans *l'Illustrated London-News,* on connaît un recueil de types des mœurs anglaises contenant vingt-trois planches qui parurent à Londres en 1849 sous ce titre : *Gavarni in London*[1]. Toutes les classes de la société étaient admises dans ce recueil, qu'accompagnaient des notices dues à la plume d'écrivains spéciaux, et le maître témoigna, dans quelques-uns de ces dessins qui furent tous gravés sur bois par Henry Vizetelly, qu'il savait

---

[1]. Les planches qui ornent ce volume ont été depuis publiées en France dans un ouvrage intitulé : Émile de La Bédollière, *Londres et les Anglais,* illustré par Gavarni. Paris. Grand in-8º.

exprimer avec une précision remarquable les signes particuliers qui distinguent les habitués de *Hyde-Park* des familiers des tavernes ou les habitants de la Cité des visiteurs de Saint-James. Six lithographies publiées par G. Rowney, *Gavarni's studies,* un portrait du comédien Mélingue, tels sont à peu près tous les dessins que Gavarni traça sur pierre pendant son séjour à Londres. Dans ces *études,* il réunit sur la même planche plusieurs croquis qui, par les sujets du moins, n'avaient entre eux aucun rapport. A côté de groupes de femmes nonchalamment étendues dans la campagne ou portant sur leurs têtes des paniers remplis de fleurs ou de feuillages, on voit des paysans en marche, des têtes de *gentlemen* ou de *ladies* qui semblent prises sur nature tant elles sont personnelles et vraies, des profils de bergers coiffés d'un haut chapeau de feutre ou des gens du peuple se livrant aux douceurs du repos. On s'aperçoit, en regardant ces planches, que le crayon de Gavarni a acquis de l'autre côté de la Manche une souplesse qu'il ne possédait pas auparavant, et c'est au retour d'une excursion en Écosse que Gavarni, pour la première fois, accusa son intention formelle de faire rendre au procédé lithographique, qui n'avait plus de secret pour lui, tout ce qu'il est en mesure de donner. Trois planches destinées à un ouvrage qui ne fut jamais terminé, que nous sachions, *An Artist's ramble in the north of Scotland, by Michel Bouquet* (1849, in-fol.), révèlent chez Gavarni certains mérites, certaines préoccupations de la couleur et de l'effet, qu'aucune de ses productions antérieures n'accusait au même degré : elles représentent le jeu de la pierre, *Throwing the Stone,* des blanchisseuses écossaises, *Scotch girls washing,* et un joueur de cornemuse écossais, *a Highland piper*. Ici, à la précision du dessin, à la recherche pittoresque de l'expression vient se joindre une exécution poussée aussi loin que possible. Gavarni ne se contente plus d'exprimer la forme à l'aide d'un contour précis qui dessine la silhouette du personnage, il se préoccupe du modelé, il s'inquiète du rapport des tons entre eux et il transporte dans la lithographie les procédés qu'il avait réservés jusque-là pour l'exécution de ses aquarelles, et dont il venait, à cette époque surtout, d'user avec un plein succès.

C'est en Angleterre, en effet, que Gavarni commença à devenir maître dans l'aquarelle comme il l'était précédemment dans la lithographie. Au lieu de ces dessins à la mine de plomb légèrement rehaussés de teintes plates fournis par Gavarni dans la première période de sa carrière aux graveurs qui étaient chargés de les reproduire, il met en circulation, à dater de son séjour à Londres, des aquarelles dans lesquelles la gouache vient souvent en aide à la couleur délayée à grande eau. Ce sont alors de véritables peintures qu'il produit, peintures harmonieuses de ton, savamment coloriées, qui témoignent que le maître est aussi spirituel et aussi adroit le pinceau à la main que lorsqu'il n'a à son service que le crayon lithographique.

Pendant les derniers mois de son séjour à Londres, Gavarni s'occupa presque uniquement de mathématiques. Il ne nous appartient pas de dire si, en se consacrant à ces études, il fit de son temps un bon ou un mauvais emploi; qu'il nous suffise de rappeler que ce fut cette dérogation à ses travaux habituels qui explique le nombre restreint de lithographies parues en Angleterre avec sa signature. Cette passion pour les sciences exactes, Gavarni l'avait eue toute sa vie, mais, à Londres, elle se manifesta plus énergiquement que jamais. Les formules algébriques faisaient tort au crayon et au pinceau, les calculs mathématiques absorbaient l'artiste à tel point qu'il ne fallut rien moins qu'un heureux concours de circonstances pour décider Gavarni, au moment où il revint en France, à reprendre ses anciens travaux momentanément interrompus.

Un jeune homme plein d'ardeur, dévoré de la fièvre du journalisme, M. le comte de Villedeuil, venait de fonder *l'Éclair,* journal purement littéraire, qui n'obtint pas tout d'abord le succès que le fondateur s'était promis. Attribuant l'indifférence des abonnés à l'absence d'illustrations, M. de Villedeuil résolut de confier à un artiste en réputation le soin de tracer tous les jours sur la pierre lithographique un dessin qui accompagnerait chaque numéro du journal. Une fois la chose décidée en principe, il s'agissait de trouver un homme capable de suffire à une tâche aussi lourde, pourvu d'une imagination assez souple pour varier à l'infini ses motifs : MM. de Goncourt[1], consultés, désignèrent au choix de M. de Villedeuil Gavarni, qui, tenté par cette entreprise audacieuse, séduit par la difficulté même qu'il y aurait pour lui à tenir ses engagements, accepta les conditions proposées. Il se mit à l'œuvre avec une ardeur de débutant, et pendant toute l'année que dura le journal, il inventa sans interruption et comme sans fatigue apparente ces admirables séries auxquelles il donna le titre courant de *Masques et Visages*. Lorsque M. de Villedeuil se fut assuré la collaboration quotidienne de Gavarni, il changea le titre de son journal : *l'Éclair* s'appela désormais *Paris*. La rédaction resta la même, et les jeunes écrivains que M. de Villedeuil avait groupés autour de lui lui demeurèrent fidèles.

Avant de nous arrêter aux planches qui parurent dans le journal *Paris*, il importe de ne pas omettre trois grandes lithographies qui, exécutées en 1853, attestent encore chez

---

1. Edmond et Jules de Goncourt, p. 333.

Gavarni cette préoccupation que nous avons déjà signalée, de faire rendre au procédé

lithographique tout ce qu'il est propre à donner. *Les Forts de la Halle, les Dames de la Halle* et *le Jour de l'an de l'ouvrier* méritent d'occuper dans l'œuvre de Gavarni une place à part à côté du *Joueur de cornemuse écossais;* elles accusent une phase particulière, mais accidentelle, de ce talent habituellement sobre dans les moyens d'exécution, auquel un trait massé suffit pour exprimer, pour faire pressentir au moins dans ses détails, la forme exacte de l'être ou de l'objet qu'il entend représenter. L'exécution, poussée ici aussi loin que possible, ne nuit en aucune façon à la conception même de l'artiste, et *le Jour de l'an de l'ouvrier* nous révèle un côté de l'esprit de Gavarni que son œuvre présente rarement. Ce peintre des mœurs légères, des sottises ou des folies humaines, nous montre cette fois une famille très-unie dans le cerveau de laquelle n'a jamais germé une idée malhonnête : le grand-père, en échange des souhaits de bonne année qui lui sont faits, se dispose à offrir à ses petits-enfants, entourés de leurs parents, un moulin à vent et un bilboquet qu'il cache soigneusement derrière son dos. Cette scène de famille se passe dans l'atelier d'un mécanicien, au milieu des ouvriers, qui semblent prendre part au bonheur du vieillard. C'est une composition à la façon de Greuze, moins l'emphase; Gavarni est demeuré simple et vrai, et dans une note de sa main il nous explique le but qu'il s'est proposé en dessinant sur pierre cette planche, à laquelle il attachait avec raison une valeur particulière : « Ces mandataires patentés du peuple, — Gavarni entend désigner ainsi les ouvriers devenus hommes politiques, les orateurs et les publicistes qui, par leurs discours ou par leurs écrits, cherchent à exciter les passions populaires, — ne sont pas du peuple et ne savent pas l'ouvrier. Ils l'ont rencontré une fois par hasard au cabaret ou dans un mauvais lieu. Moi, je le sais, je le connais bien. J'ai été dans un atelier de mécanicien... C'était aussi beau qu'on le dit, mais d'un autre beau que celui que les républicains prêtent au peuple... Il y aurait de curieuses choses à faire là-dessus. J'ai essayé de rendre un peu du beau que j'ai vu dans le *Premier de l'an de l'ouvrier*[1]. »

1. Edmond et Jules de Goncourt, p. 351.

Cette planche et un certain nombre d'autres qui virent le jour postérieurement ne signalent-elles pas une transformation dans l'esprit de Gavarni, une phase nouvelle dans son talent d'observateur? Il arrive au soir de la vie, il sent venir la vieillesse. Il inventera désormais plusieurs séries profondément tristes dans lesquelles il nous peindra d'une façon sévère, sous des formes ironiques, l'avenir réservé aux débauchés des deux sexes. *Les Invalides du sentiment, les Lorettes vieillies, les Études d'Androgyne,* qui parurent en 1853 et en 1854 dans le journal *Paris,* nous font toucher du doigt aux plaies les plus saignantes de la société. Elles nous montrent à nu les ravages physiques et moraux que l'âge apporte avec lui, les désespoirs, les désillusions, la misère qu'il entraîne chez ces êtres qui n'ont vécu que de beauté et de débauche. Cette vieille femme portant encore sur son visage les traces de sa vie passée ne donne-t-elle pas une leçon de morale à l'humanité civilisée tout entière lorsqu'elle dit tristement au passant qui lui fait l'aumône : *Charitable mosieu, que Dieu garde vos fils de mes filles!* Gavarni ne fait-il pas vibrer au fond des cœurs honnêtes les fibres les plus sensibles lorsqu'il met dans la bouche de cette lorette édentée et hideuse, s'adressant à une mère entourée de ses enfants, cette supplique navrante : *Au nom de ces amours-là, qui consoleront votre vieillesse, madame, ayez pitié de moi!* Est-il possible de flétrir le vice avec plus d'amertume et de puissance vengeresse que ne le fit Gavarni dans cette autre planche représentant une femme maigre et sèche, entièrement vêtue de noir et tenant un livre à la main, qu'apostrophe ainsi une femme du peuple : *Mes respects chez vous, m'ame veuve tout le monde!* Jamais le juste châtiment d'une vie perverse n'a été aussi clairement publié, jamais le vice n'a été bafoué avec plus de vigueur et de juste cruauté.

Dans *les Invalides du sentiment,* la dégradation morale n'a pas des apparences aussi terribles que dans *les Lorettes vieillies*, mais les artifices employés par *les Vieux Beaux* pour tâcher de dissimuler leurs infirmités sont dévoilés par Gavarni avec une verve éloquemment indiscrète. Ces viveurs, accoutumés à faire d'un bon repas l'occupation principale de leur vie, nous avouent maintenant, quand

ils sont à table, que *toutes ces bêtises-là ont dérangé leur constitution,* ou que *le cœur leur a ruiné l'estomac.* Les habitués des coulisses, lorsqu'ils se trouvent seuls avec eux-mêmes, se font des confidences du genre de celle-ci : *J'ai voulu connaître les femmes, ça m'a coûté une jolie fortune et cinquante belles années. Et qu'est-ce que c'est que les femmes? Ma parole d'honneur, j'en sais rien.* Ou bien : *Je n'ai plus la terre de Chénérailles, ni mes bois. Je n'ai plus le moulin d'Orcy. J'ai la goutte.... fichue bête...* Ces légendes, inscrites au bas de dessins charmants, exécutés avec une aisance de main que Gavarni n'a jamais eue plus grande, ne peuvent-elles pas être regardées comme des maximes de morale par ceux-là mêmes qui reprochaient à l'artiste de flatter le vice et d'encourager les dérèglements de l'existence? Quoi de plus saisissant et de plus instructif, même pour les intelligences les plus faibles, que ces exemples frappants du désordre physique et moral auquel est infailliblement promis le débauché, à quelque classe de la société qu'il appartienne! Quoi de plus navrant que la vue de ces êtres condamnés à la mendicité ou au crime le jour où les années ont détruit les charmes apparents qui excitaient les mauvais appétits, le jour où la maladie est entrée dans ces corps nés uniquement pour le plaisir et que l'âme semblait avoir momentanément quittés !

A côté de ces planches, qui indiquent bien exactement la pente que gravit avec un succès croissant l'esprit de Gavarni et qui accusent une puissance d'observation arrivée à son apogée, se trouvent quelques lithographies qui, par le comique des situations, par la gaieté des légendes, se rapprochent des conceptions les plus amusantes de sa jeunesse. A cette catégorie appartient l'estampe dans laquelle est représenté un épicier profilant sa silhouette sur une perspective de tiroirs et de pains de sucre, appuyé sur son comptoir et faisant en lui-même cette réflexion profonde : *Vous avez des états, où, avec rien que de l'intelligence, un jeune homme qui voudra arriver arrivera... Dans l'épicerie, c'est pas ça...* Ou cette autre, dans laquelle un gamin de Paris tout déguenillé dit à un épicier ahuri : *J'suis un pas grand'chose, moi! j'suis un prop'e à rien! j'suis un guapeur! un voyou.... va! mais j'suis pas un épicier.* Ces planches et la plupart de celles qui les avoisinent, publiées en 1859, par Paulin et Lechevalier, ou mises au jour par Morizot, par

dizains, et accompagnées de notices signées de Théophile Gautier, de Paul de Saint-Victor, d'Edmond Texier et d'Edmond et Jules de Goncourt, rappelaient le Gavarni des anciens jours. Les travers de l'humanité passaient tour à tour sous l'œil du public; ils étaient l'un après l'autre résumés en un type unique qui donnait la physionomie exacte d'une espèce, d'une caste.

C'est à peu près à cette époque de l'existence de Gavarni qu'appartient une suite à laquelle il attachait une grande importance et qu'il intitulait *les Propos de Thomas Vireloque*. De longue date il rêvait de retracer l'odyssée de ce Juif-errant raisonneur que son imagination avait créé, et en feuilletant avec soin son œuvre on trouverait en germe dans ses lithographies antérieures le type de ce personnage grotesque et funèbre tout ensemble. Vireloque est une sorte de philosophe de carrefour, déguenillé et hideux, devisant de tout, ennemi de toute société et de tout progrès, auquel tout est permis, qui dit tout ce qui lui passe par la tête, et qui au milieu de ce verbiage a quelquefois des éclairs de bon sens et de profondes pensées. Il interrompt des enfants en train de jouer pour leur dire : *L'histoire an-*

cienne, mes agneaux, c'est mangeux et mangés; blagueux et blagués, c'est la nouvelle. Appuyé sur un poteau de télégraphe électrique, il se livre à cette réflexion : *Y avait la parole, y a eu l'imprimerie. Misère-et-corde! Ne manquait plus que ce fil de fer du diable à la menterie humaine pour vous arriver de longueur aussi raide qu'un tonnerre.* Les paroles empreintes d'une ironie sinistre que Gavarni met dans la bouche de son héros répondaient à l'état de l'âme de l'artiste dans la dernière période de son existence. Il se tenait éloigné du monde, il ne quittait qu'à de longs intervalles sa maison du Point-du-Jour, taillait ses arbres, arrosait ses plantes rares et changeait sans cesse la disposition de ce jardin, qui désormais occupait presque exclusivement sa vie. Il n'avait pas mis absolument de côté ses crayons et ses pinceaux, mais il ne les prenait qu'à de longs intervalles et comme à regret. L'étude des mathématiques redevint sa passion dominante. Quelques essais d'eau-forte l'occupaient aussi, mais il ne pouvait s'astreindre aux mille précautions qu'exige la gravure avant de donner un résultat satisfaisant; il se mit en rapport avec tous les inventeurs de procédés de gravure, mais il n'en trouva aucun à sa convenance ; et, lorsque les mathématiques ne l'absorbaient pas, lorsque son jardin lui laissait quelque repos, il faisait des aquarelles qu'il envoyait, à mesure qu'elles étaient terminées, dans le magasin d'un marchand de tableaux de la rue Laffitte, M. Beugniet, d'où elles ne tardaient pas à sortir pour aller prendre place dans les collections les mieux choisies, chez les amateurs les plus délicats[1].

1. Dans cette étude consacrée à Gavarni, nous n'avons interrogé que les planches exécutées directement par l'artiste; nous n'avons pas feuilleté les ouvrages innombrables dans lesquels Gavarni fournit des dessins qui étaient multipliés avec talent par des graveurs sur bois consciencieux et habiles. Nous aurions encore trouvé dans ces recueils, qui durent en partie leur succès aux planches dont ils étaient ornés, plus d'un croquis fort digne d'être placé à côté des lithographies du maître. Personne, mieux que Gavarni, ne savait dessiner un type, esquisser un caractère à l'aide du crayon, et personne ne savait non plus, mieux que lui, mettre son imagination au service d'autrui. La liste des livres dans lesquels on trouve des dessins de Gavarni serait fort difficile à dresser, et l'amateur qui réunirait tous les ouvrages auxquels l'artiste a collaboré se formerait une très-nombreuse bibliothèque. Parmi les publications les plus importantes auxquelles son nom demeurera attaché, nous citerons : *Les Français peints par eux-mêmes,*

Dans cette retraite que Gavarni avait façonnée selon ses goûts, où il aimait à recevoir quelques amis dévoués, un affreux malheur vint le frapper. Son fils Jean, qu'il adorait, auquel il prodiguait les soins les plus tendres, lui fut enlevé en quelques jours. Laissons le malheureux père nous raconter lui-même la mort de cet enfant chéri : « C'était ma seule raison d'être... dit-il à MM. de Goncourt quand ils vinrent le voir après la mort de son fils [1], M. Andral l'avait vu la veille et n'avait rien vu d'alarmant... Le matin, à un moment, il fixa ses yeux sur les miens, sans me voir, sans doute, mais avec des yeux grands comme je n'en ai jamais vu... La pupille était comme ça... Et il nous en montra, — ce sont MM. de Goncourt qui parlent — la mesure sur l'ongle de son pouce. Je lui pris la main ; elle commençait à être froide... l'expression de ses yeux était comme un grand étonnement. La

---

Paris, Curmer, 1840-1842, 10 vol. gr. in-8° ; *le Diable à Paris*, Paris, Hetzel, 1845, 2 vol. in-8°, et *le Juif-errant*, par Eugène Sue ; Paris, Paulin, 1845, 4 vol. in-8°.

1. Edmond et Jules de Goncourt, p. 383-384.

main devint froide... C'était fini... J'ai voulu user ma douleur... Je ne suis pas sorti d'ici, je n'aurais jamais pu y rentrer... On peut crier, la maison peut brûler; j'ai un : qu'est-ce que ça me fait!... qui est sublime... Je peux même me casser le cou », et sa parole s'arrêta. Nous faisons un tour dans le jardin. « Dites donc, Gavarni, c'est bien nu, là entre ces arbres ? — Ah! ça?... maintenant qu'est-ce que vous voulez que j'en fasse ? C'était le jeu de ballon de mon enfant... »

Cette propriété dans laquelle Gavarni avait perdu son fils, où il avait trouvé, dans ses jours de découragement, le repos qu'il ne trouvait nulle part ailleurs, cette propriété qu'il avait remuée en tous sens, transformée, arrangée, puis dérangée cent fois, il apprit un jour qu'il lui faudrait la quitter pour n'y plus revenir. Un décret d'expropriation l'avait atteinte. Un boulevard devait passer là où Gavarni s'était retiré, croyant, en s'éloignant du centre de Paris, échapper ainsi aux exigences de la société. La décision était sans recours, il fallut s'y soumettre. Considérant ce déplacement forcé comme un malheur irréparable, Gavarni tomba dans un marasme qui effraya sérieusement ses amis. Tandis que les ouvriers démolissaient sa maison et bouleversaient son jardin, il s'était retiré dans une sorte de hangar d'où il assistait à la destruction de ce qui avait été depuis quelques années son unique distraction. Ne pouvant songer à habiter longtemps ce réduit malsain et insuffisant, il chercha un refuge où il espérait au moins trouver le calme. Il acquit, avenue de l'Impératrice, une maison dans laquelle il passa deux années, sans pourtant avoir jamais trouvé le temps de s'y installer définitivement. Il loua ensuite sur la route de Versailles, à Auteuil, dans la villa de la Réunion, une petite maison qu'il n'habita que quelques mois. C'est là qu'il mourut le 24 novembre 1866. Le seul fils qui lui restait, M. Pierre Gavarni, absent de Paris, fut prévenu à temps et put recevoir le dernier soupir de son père.

Le surlendemain de la mort de Gavarni, tous les amis de l'artiste, présents à Paris, accompagnaient à sa dernière demeure le corps de cet homme que jadis tout Paris avait applaudi. Ceux qu'il avait amusés aussi bien que ceux qu'il avait enrichis tinrent à honneur de lui dire un suprême adieu. Ses œuvres, que quelques fidèles avaient seuls de son vivant songé à rassembler, sont recherchées avec ardeur par les amateurs les plus difficiles; à côté des renseignements précis qu'elles fournissent sur notre société moderne, elles possèdent par elles-mêmes des qualités assez sérieuses au point de vue de l'art pour mériter pleinement l'estime qu'on se décide à leur accorder, et qui, à aucune époque, ne leur fera défaut, sans nul doute. L'histoire de l'art ne fournit aucun exemple d'un homme qui ait réuni en lui seul un talent de dessinateur aussi remarquable et une aptitude aussi particulière à condenser en quelques mots une pensée. De tous les peintres de mœurs de notre temps, Gavarni est certainement celui dont le nom risque le moins d'être mis en oubli. N'est-il pas en tout cas associé, dès à présent, aux noms qui semblent devoir le plus sûrement survivre dans l'ordre littéraire? La place de Gavarni est marquée à côté de Balzac qu'il commente à sa manière et qu'il complète, et l'avenir qui est réservé à l'auteur du *Médecin de campagne,* des *Parents pauvres* et d'*Eugénie Grandet* ne peut manquer d'appartenir aussi au peintre des *Étudiants de Paris,* des *Lorettes* et des *Enfants terribles.*

FIN.

PARIS.—J. CLAYE, IMPRIMEUR, 7, RUE SAINT-BENOIT.—[1879]

215